Hermann Multhaupt

Der Weg zum Lebensglück

Fotos und Meditationen zu Texten von Antoine de Saint-Exupéry

benno

Herr, lehre mich die Kunst der kleinen Schritte

Ich bitte nicht um Wunder und Visionen,
Herr, sondern um die Kraft für den Alltag.
Lehre mich die Kunst der kleinen Schritte.

Mach mich findig und erfinderisch,
um im täglichen Vielerlei und Allerlei
rechtzeitig meine Erkenntnisse
und Erfahrungen zu notieren,
von denen ich betroffen bin.

Mach mich griffsicher in der richtigen Zeiteinteilung.
Schenke mir das Fingerspitzengefühl,
um herauszufinden, was erstrangig
und was zweitrangig ist.

Lass mich erkennen, dass Träume nicht weiterhelfen,
weder über die Vergangenheit noch über die Zukunft.
Hilf mir, das Nächste so gut wie möglich zu tun
und die jetzige Stunde als die wichtigste zu erkennen.

Antoine de Saint-Exupéry

Bewahre mich vor dem naiven Glauben, es müsste im Leben alles glatt gehen.

Antoine de Saint-Exupéry

»Du bist ein Glückspilz« - lautet manchmal das Urteil über einen Menschen, dem alles glatt von der Hand geht. Ein wenig Neid schwingt wohl mit in der Stimme, wenn dem anderen dieses Kompliment gemacht wird. Aber schlägt dem Glücklichen tatsächlich keine Stunde? Es ist wirklich naiv zu glauben, alles geschähe so, wie man es sich wünscht, ohne Rückschläge, ohne Enttäuschungen, ohne Schatten auf dem Lebensweg. Wer davon ausgeht, unbeschadet und ohne Kratzer durch die Jahre zu gehen, der hat die falsche Lebenserwartung. Das wahre Leben besteht aus Höhen und Tiefen. Gerade die schwere Zeit im Leben eines jeden Menschen ist eine Reifezeit, in der er sich bewähren kann, in der er aber auch seelisch wächst, zum Beispiel an Erkenntnis und Wissen. - Der Dichter Antoine de Saint-Exupéry weiß, dass er die schönsten Worte nicht finden würde, um Menschen anzusprechen und zu erfreuen, wenn er sich nur auf eine Glückssträhne verlassen und die Schattenseite des Daseins aussparen würde.

Schenke mir die nüchterne Erkenntnis, dass Schwierigkeiten, Niederlagen, Misserfolge, Rückschläge eine selbstverständliche Zugabe zum Leben sind, durch die wir wachsen und reifen.

Antoine de Saint-Exupéry

Hier bringt es der Dichter auf den Punkt: Er bittet Gott im Gebet um Einsicht, dass er nicht geschont werden darf, wenn er ganz Mensch sein will. Doch in wessen Leben geht schon alles so glatt, dass er sich als Glückskind bezeichnen darf? Und selbst wenn ihm das Leben tatsächlich nur Glück bescheren würde, dann wäre er auf Grund seines Verhaltens gegenüber anderen Menschen vermutlich kaum ein ernst zu nehmender, sondern eher ein oberflächlicher, ein leichtsinniger Mensch – ein Springinsfeld ohne Tiefe und Reife. Im Grunde ist es schwerer, mit dem Glück fertig zu werden, weil Glück nur die Oberfläche des Lebens vergoldet. Es ist so, als wenn Sonnenstrahlen das seichte Wasser durchdringen, die Tiefe jedoch nicht berühren. Welche Erkenntnis, welche Erfahrung und welche Weisheit schlummert aber auf dem Grund einer durch Leid und Anfechtung gereiften Seele? »Nur im Kampf mit dem Hindernis findet der Mensch zu sich selbst ...« – Worte von Antoine de Saint-Exupéry.

Erinnere mich daran, dass das Herz oft gegen den Verstand streikt. Schick mir im rechten Augenblick jemand, der den Mut hat, mir die Wahrheit in Liebe zu sagen.

Antoine de Saint-Exupéry

Kopf und Herz, Verstand und Seele sind sich nicht immer einig. Was der Verstand aus plausiblen Gründen vorgibt, möchte das Herz noch lange nicht akzeptieren - und umgekehrt. Diesen Zwiespalt müssen wir aushalten. »Verstandesmenschen« treffen ihre Entscheidungen nach klaren Gesichtspunkten und logischen Folgerungen. Sie analysieren die Entwicklung und peilen ein Ziel an, auf das sie sich ausrichten und mit dem sie, wenn sie es erreicht haben, durchweg zufrieden sind. Der »Gefühlsmensch« dagegen verlässt sich eher auf seine Intuition, fällt seine Entscheidungen »aus dem Bauch«. Ein Rest Wagnis bleibt. Doch könnte er vom Verstand her schlecht gutheißen, was sein Herz verneint. Herz und Verstand sind im Menschen nicht gleichgewichtig ausgeprägt. Jeder tendiert schwerpunktartig nach einer der beiden Seiten. Wenn »die Gefühle mit uns durchgehen«, brauchen wir jemanden, der uns in Freundschaft sagt, »wo es lang geht«, damit wir den Blick für die Realität nicht verlieren.

**Du weißt,
wie sehr wir
der Freundschaft
bedürfen.
Gib, dass ich
diesem schönsten,
schwierigsten,
riskantesten
und zartesten
Geschenk
des Lebens
gewachsen bin.**

Antoine de Saint-Exupéry

»Mein Freund, ich brauche dich wie eine Höhe, in der man anders atmet!« In seinem Bändchen »Bekenntnis einer Freundschaft« hat Antoine de Saint-Exupéry wunderbare poetische Worte über die Freundschaft gefunden. »Ich weiß dir Dank dafür, dass du mich so hinnimmst, wie ich bin ...« Gute Freunde erweisen sich oft als stetige, ausdauernde, unermüdliche Lebensbegleiter, deren Rat und Hilfe gefragt ist und die Rat und Hilfe erwarten dürfen. Gute Freunde sind wie zwei Schalen einer Waage, die das gemeinsame Leben austaxieren. Jede Seite erhofft Anstoß und Zuspruch in schwierigen Situationen, aber auch Präsenz und Mitwirkung in heiteren Stunden. Das gegenseitige Geben und Nehmen bedarf großer Feinfühligkeit und Ausgewogenheit, damit keine Seite überstrapaziert oder vernachlässigt wird. Wahre Freundschaft ist ein Geschenk von einmaligem Wert. Alles, was einmalig und wertvoll ist, bedarf der Pflege und des Schutzes wie eine zarte Blume.

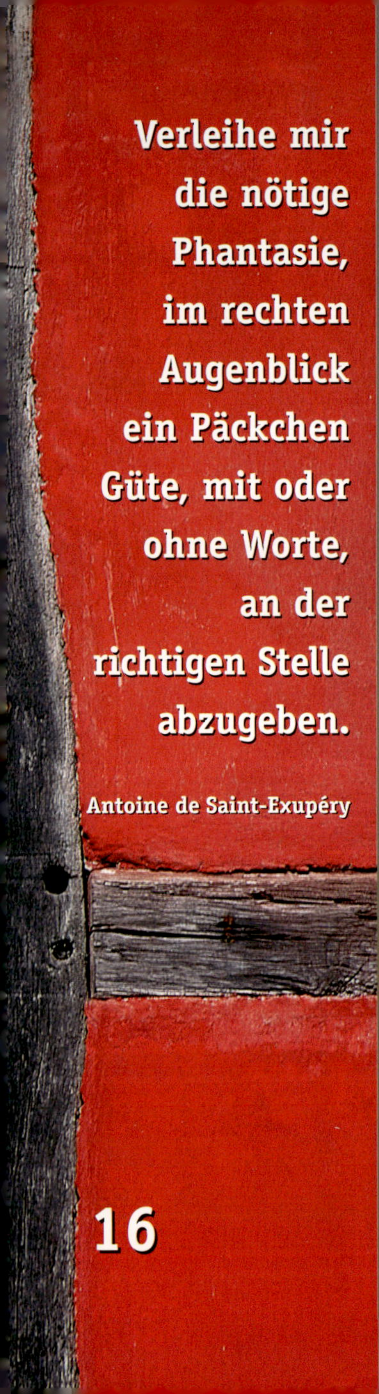

Verleihe mir die nötige Phantasie, im rechten Augenblick ein Päckchen Güte, mit oder ohne Worte, an der richtigen Stelle abzugeben.

Antoine de Saint-Exupéry

Das menschliche Zusammenleben ist nicht immer von gegenseitiger Achtung und Sympathie bestimmt. Im Gegenteil. Die Prediger des Individualismus und der Selbstverwirklichung haben es fertig gebracht, dass die Ecken an den Ellbogen der Menschen noch kantiger und die Schikanierungsmethoden der Mobbinggesellschaft noch durchtriebener geworden sind. Selbst hat man nur Rechte, kaum Pflichten, und was geschehen muss, haben andere zu leisten. Diese weit verbreitete Einstellung führt zum Ende des demokratischen Gleichheitsprinzips. In diesem kalten Umfeld friert ein Wort wie »Güte«, und wenn es gleich päckchenweise verschenkt werden soll, muss der Geber gütig und zudem phantasiereich sein, um zur rechten Zeit den richtigen Adressaten zu finden. Das ist nicht schwer für den, der mit dem Herzen sieht. Er hat einen Blick für die Situation, in der ein gutes Wort, ein aufmunterndes Lächeln und ein hoffnungsvolles Zeichen kleine Wunder wirken und Eis zum Schmelzen bringen.

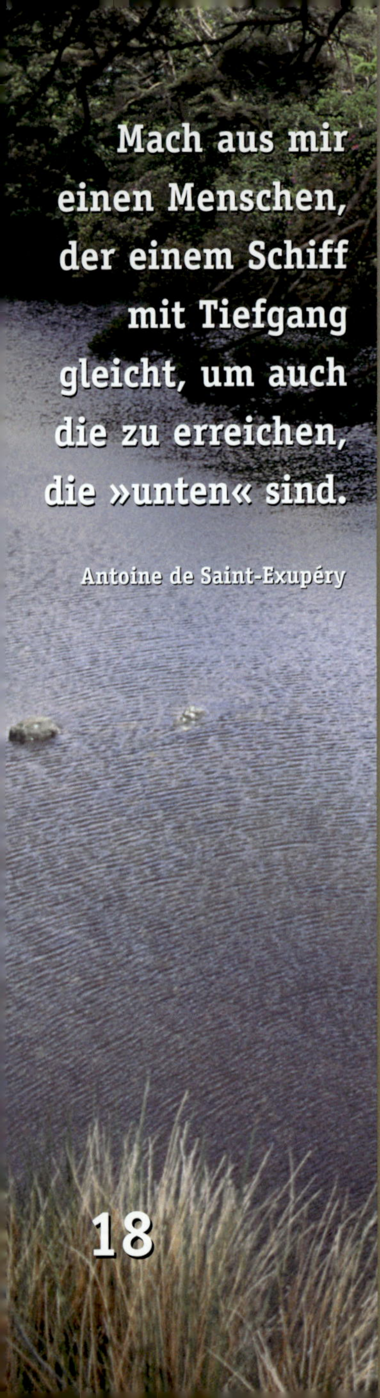

Mach aus mir einen Menschen, der einem Schiff mit Tiefgang gleicht, um auch die zu erreichen, die »unten« sind.

Antoine de Saint-Exupéry

Antoine de Saint-Exupéry hätte dem »kleinen Prinzen« nicht das Leben schenken können, wenn er nicht ein »Mensch mit Tiefgang« gewesen wäre. Wer in die Herzensdinge eintaucht, die Menschen bewegen, sie versteht, sich mit ihnen identifizieren kann, der erreicht auch die, die ganz »unten« sind. Kein oberflächliches, seichtes Geplätscher, sondern Worte mit Tiefgang, die aus dem Herzen kommen und zu Herzen gehen. Viele Menschen orientieren sich leider an den hohlen Anspruchserwartungen anderer. Zerstreuung statt ernste Suche, Ablenkung statt Auseinandersetzung. Manche Medien mit vielfältigen Möglichkeiten einer sinnvollen Kommunikation entziehen sich daher der Verpflichtung, durch gute Beispiele Wege zu mehr Menschlichkeit aufzuzeigen. Stattdessen werden Konflikte ohne Lösung ausgespielt, die den Hass und die Brutalität noch mehr steigern. »Ehrfurcht vor dem Menschen! Ehrfurcht vor dem Menschen!«, lautet der wiederholte Appell des Dichters.

Bewahre mich vor der Angst, ich könnte das Leben versäumen.

Antoine de Saint-Exupéry

Manchmal habe ich in der Empfangshalle eines Flughafens gestanden und die aus dem Urlaub zurückkehrenden Menschen betrachtet. Sonnengebräunte Haut – das Markenzeichen einer florierenden Freizeitgesellschaft. Doch in den Gesichtern Unruhe, flackernde Augen, Lebensgier. Lockende Werbegags haben die Menschen dorthin geführt, wo Ferien zu machen »in« ist. Die Angst, dieses Leben zu versäumen, ist vielfach ausgeprägt. - Angst sollte uns machen, das Leben nicht zu leben, zu dem wir aufgefordert sind. Gott unterstellt die Menschen keinen Modetrends, er beruft zu individueller Lebensform in geschwisterlicher Gemeinschaft, in der jeder seine Talente und Fähigkeiten erproben und zum Wohl anderer einsetzen kann. So erhält jedes Leben seine Erfüllung, seinen Sinn, macht es zufrieden und frei und lässt es erstarken. Bewusst leben heißt: nicht blindlings den Machern und der Masse folgen, sondern seinen eigenen Kräften zur Lebensgestaltung vertrauen.

Gib mir nicht, was ich mir wünsche, sondern was ich brauche.

Antoine de Saint-Exupéry

Wunschlos glücklich? Wer diese Frage bejaht, muss ein weiser Mensch sein. In der Regel ist unser aller Wunschkatalog ellenlang. Heute gibt es unendlich mehr Dinge als zu Zeiten unserer Großeltern. Die Entwicklung und Herstellung neuer Gebrauchsgegenstände weckt Begehrlichkeiten. Vieles von dem, was heute produziert wird, ist nicht lebenswichtig, ist überflüssig, gar unnütz. Neue Güter sind nicht immer gut. Und doch möchten wir nicht auf den Kauf verzichten, weil »die anderen« sie ja auch angeschafft haben. Seltsam, selbst unnütze Produkte steigern das Wirtschaftswachstum und damit die soziale Lebensqualität. Also profitiert der Mensch auch vom sinnlosen Überfluss?
Es ist eine Kunst, zumindest ein Akt der Selbstbeherrschung, sich auf die Dinge zu beschränken, die wir für unser Leben wirklich brauchen.
Da uns der Lockruf der einladend dekorierten Schaufenster oft in Versuchung führt, ist die Bitte im Gebet Saint-Exupérys gewiss kein geringes Postulat.

Lehre mich die Kunst der kleinen Schritte!

Antoine de Saint-Exupéry

Einem Sprinter könnte man mit diesem Gebetswunsch nicht kommen. Geschwindigkeit ist keine Hexerei – der Läufer will unter Aufbietung aller körperlichen Kräfte das Ziel in seiner Bestzeit erreichen. Heute ist fast das gesamte Leben auf Schnelligkeit getrimmt. Alles muss rascher, rasanter, spritziger gehen, Zeit ist Geld. Wie kann man da nur von der »Kunst der kleinen Schritte« sprechen? – Exupéry möchte den Blick einmal auf das Wesentliche des Lebens richten, auf das, was das Herz erfüllt, die Seele glücklich macht. Das erfahren wir nicht, wenn wir an den Wundern der Welt vorbeieilen, im Lauf werden sie uns nicht offenbar. Die kleinen, neugierigen Schritte aber sind Gewähr für die Möglichkeit einer präzisen Beobachtung der Schöpfung ringsum, auch für eine Wahrnehmung der Nöte und Sorgen der Menschen in unserem Umfeld. Das wirkliche Leben besteht aus einem Mosaik vieler kleiner Dinge. Sehen und erkennen kann man sie nur auf dem vom Dichter erbetenen Weg.

Wer war Antoine de Saint-Exupéry?

Die poetische Meisterleistung »Der kleine Prinz« ist unzähligen Menschen bekannt. Mit ihr rückte auch ihr Autor, Antoine de Saint-Exupéry, ins Rampenlicht. Doch der begnadete Schriftsteller hat nicht nur einzigartige Romane geschrieben, er war auch ein intensiver Briefschreiber und überzeugter Beter. Sein kleines Werk »Gebete der Einsamkeit« zeugt von einer ungewöhnlichen Erfahrungstiefe mit dem Schöpfergott. Auch »Lehre mich die Kunst der kleinen Schritte« – entnommen dem Buch »Die Stadt in der Wüste« – ist ein schönes Beispiel dafür, wie man Gott um Hilfe beim Streben nach der Sinnhaftigkeit des Lebens bitten kann.

»Saint-Ex«, wie er freundschaftlich genannt wurde, erblickte am 29. Juni 1900 als Sohn des Grafen Jean Marie de Saint-Exupéry und Nachkomme einer der ältesten französischen Adelsfamilien in Lyon das Licht der Welt. Sein Vater starb schon früh. So hing er mit großer Liebe an seiner Mutter, einer geborenen Marie de Fonscolombe. Teile seiner Korrespondenz mit ihr sind in dem Band »Briefe an seine Mutter« erhalten. Antoine besuchte mehrere Schulen und Internate in Frankreich und in der Schweiz. Er scheiterte mit seiner Vorstellung vom Beruf eines Seeoffiziers, studierte Architektur und leistete 1921 seinen Militärdienst in einem Fliegerregiment in Straßburg ab – allerdings beim Bodenpersonal. Sein großer Traum war jedoch das Fliegen. Zweimal stürzte er ab; nach dem letzten Crash musste er seine Verlobung lösen. Exupéry arbeitete in einer Ziegelbrennerei und als Lastkraftwagenverkäufer. Diese von Depressionen überschattete Zeit fand auch ihren literarischen Niederschlag, begünstigt durch die Bekanntschaft mit André Gide, dem berühmten Paul Valéry und mit seinem künftigen Verleger Gaston Gallimard. 1926 kam Antoine endlich zu seinem Hauptberuf, dem des Piloten. Für die Gesellschaft Latécoère flog er auf der Route Toulouse – Casablanca/Dakar – Casablanca und sorgte für die Sicherheit des regelmäßigen, aber noch anfälligen Flugverkehrs, der mit leistungsschwachen Maschinen zu zahlreichen Notlandungen in der Wüste führte. Als Kommandant des Flugplatzes Cap Juby in der Wüste, inmitten feindlich gesinnter Araber Spanisch Marokkos, war es seine Aufgabe, jedem abgestürzten, in Not geratenen Piloten zur Hilfe zu eilen, aber auch, Friedensverhandlungen mit den Aufständischen einzuleiten.

Die Wüste mit ihrer Stille und Einsamkeit und ihren Menschen wurde für den Arabisch lernenden »Saint-Ex« zum Schlüsselerlebnis. Literarische Frucht dieser Zeit ist sein Buch »Südkurier«. 1929 ging der wegen seiner Verdienste um die Völkerverständigung zum Ritter der Ehrenlegion ernannte Pilot und Dichter als Betriebsdirektor der Argentinischen Luftpost nach Buenos Aires, wo er das Netz der Fluglinien organisierte und ergänzte. Hier lernte er auch seine Frau, Consuelo Suncin, die sonst in Paris lebende Witwe eines argentinischen Schriftstellers kennen. Er heiratete sie 1931 in Agay (Südfrankreich). Die Ehe blieb kinderlos.

Seine Erlebnisse als Flieger bildeten die Grundlage für zahlreiche Werke Exupérys. Dabei beschränkte er sich nicht nur auf sachliche Darstellungen, er reflektierte die Dinge und stellte sie in einen existenziellen Zusammenhang mit der Schöpfung. Seine Bücher »Nachtflug« und später »Wind, Sand und Sterne« errangen internationalen Ruhm. Das letztgenannte Buch erhielt den großen Preis der Académie Française.

Nachdem die brasilianische Luftpostgesellschaft in Konkurs gegangen war, wurde Saint-Exupéry Pressesprecher der Air France. Als Schriftsteller und Journalist kam er bis nach Moskau, er berichtete auch über den Spanischen Bürgerkrieg. Die mangelnde Achtung der Menschen voreinander und der geringe Wert eines Menschenlebens erschütterten ihn tief. 1938 reiste Exupéry nach New York und

von dort nach Guatemala, wo er seinen fünften und schwersten Unfall in seiner Fliegerlaufbahn erlitt, dessen Folgen zeitlebens nicht verschwanden.
1939 weilte er abermals in den USA, wo »Wind, Sand und Sterne« zum Buch des Monats gekürt wurde.
Als Frankreich in den Zweiten Weltkrieg eintrat, kehrte Antoine de Saint-Exupéry in die Heimat zurück. Obgleich er den Krieg verachtete, bot er dem Vaterland als Mitglied in einer Fernaufklärergruppe seine Dienste an. Nach der Kapitulation und dem vorläufigen Waffenstillstand kam die Staffel nach Algier. 1940 emigrierte Exupéry über Lissabon in die USA. Hier schrieb er seine Welterfolge »Flug nach Arras« und »Der Kleine Prinz«, der 1943 erschien. Doch wohl fühlte er sich in diesem Land der unbegrenzten Möglichkeiten nicht, was beispielsweise dadurch zum Ausdruck kam, dass er nicht Englisch lernen wollte und sich mit einem Gemisch aus Französisch, Spanisch und Deutsch verständigte.
Nach der Landung der Alliierten 1942 in Nordafrika schloss Exupéry sich im Mai 1943 seiner ehemaligen Fliegerstaffel in Algier an, doch wurde er nach einer Bruchlandung nicht zuletzt wegen seines fortgeschrittenen Alters aus dem Verband entlassen, was ihn tief verletzte. Der Verzweiflung nahe, schrieb er an den französischen General Chambe den später berühmt gewordenen »Brief an einen General«. Am 31. Juli 1944 startete Antoine de Saint-Exupéry auf Grund einer Sondererlaubnis zu einem letzten Erkundungsflug, von dem er nicht zurückkehrte. Man vermutet, dass seine Maschine von einem deutschen Abfangjäger über dem Mittelmeer abgeschossen wurde.
Das Fliegen und das Schreiben wurden dem begabten Dichter zur Lebensaufgabe. Er sah die geistige Verflachung der Gesellschaft als Folge des Materialismus und der zunehmenden Konsumorientierung voraus und versuchte durch seine Bücher, die er als Dienst am Menschen verstand, durch Reportagen, Leitartikel und Briefe »dem Leben einen Sinn (zu) geben« – so ein Titel seiner Bücher. Am Ende verschwand er aus dieser Welt wie der kleine Prinz: »... und sein Hunger nach Licht war so groß, dass er zu den Sternen emporstieg«, heißt es in »Nachtflug«.

Bibliografische Information Der Deutschen Bibliothek

Die Deutsche Bibliothek verzeichnet diese Publikation
in der Deutschen Nationalbibliografie;
detaillierte bibliografische Informationen sind im Internet
über http://dnb.ddb.de abrufbar.

Fotografien:
Titelbild: Mauritius/Nonstock
S. 17, 20: Rauch-Color-Dia, Michelstadt
S. 13: mit freundlicher Abdruckerlaubnis entnommen:
»Der Jakobsweg nach Santiago de Compostela«,
Kunstverlag Josef Fink, ISBN 3-933784-16-6
S. 15: Werner H. Müller, Stuttgart
S. 26: AKG

ISBN 3-7462-1760-1

Stammerstr. 11, 04159 Leipzig
www.st-benno.de
Umschlag und Gestaltung: Ulrike Vetter, Leipzig,
unter Verwendung eines Bildes von Rauch-Color-Dia, Michelstadt
und Werner H. Müller, Stuttgart
Gesamtherstellung: Arnold & Domnick, Leipzig